Circle ◯ the picture that begins with **C**. 🐄 Cow

✗ the animal that does **not belong**.

✏️ Trace the 🧤 to make **2** mittens.
🖍️ Color the mitten.

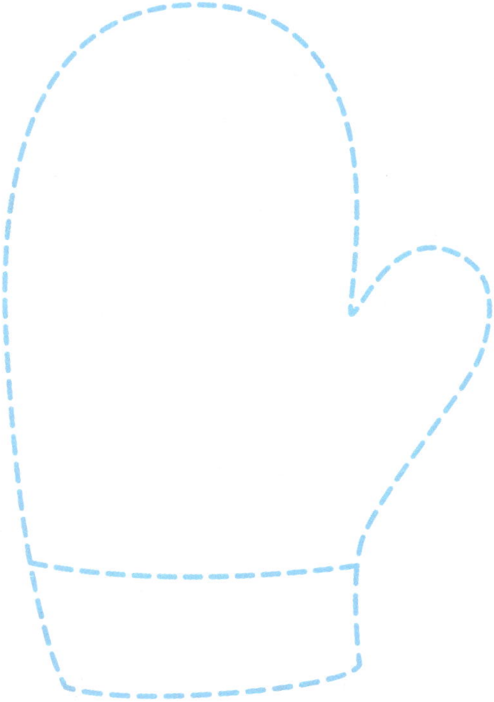

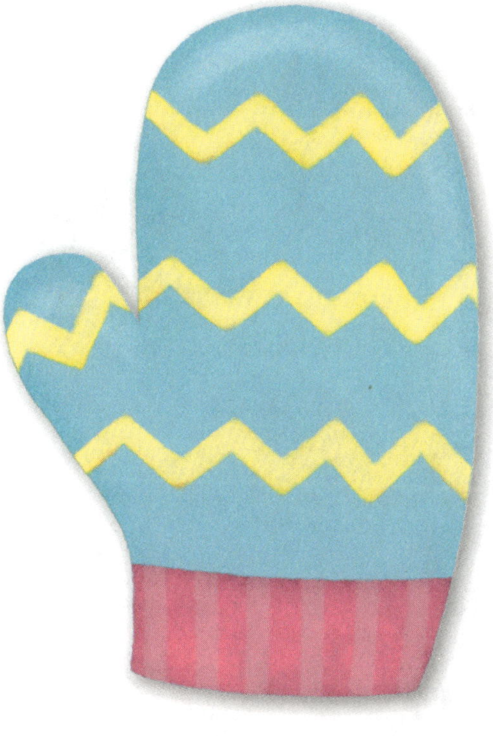

Circle ◯ the **sense** you use.

🖍 Color all the ☐ red.

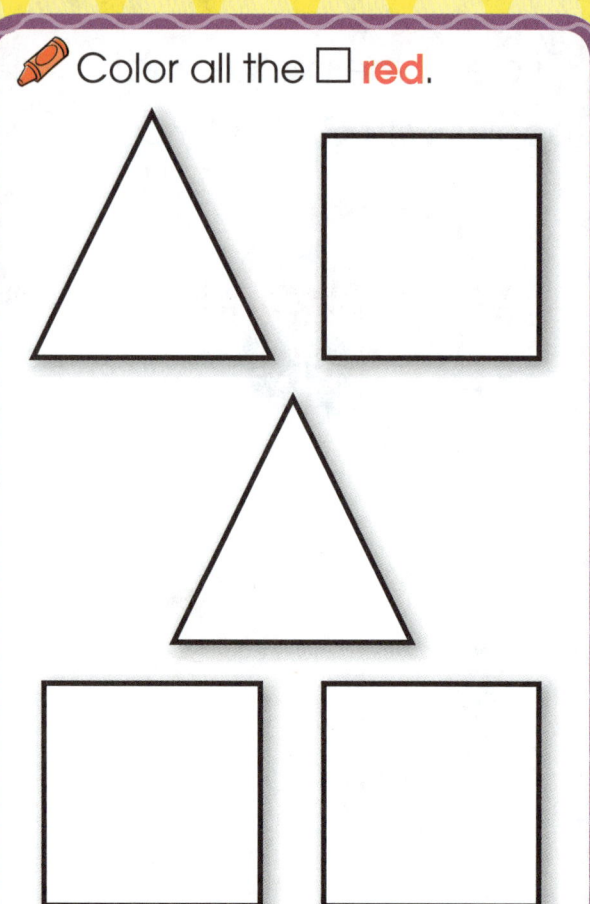

✔ the picture that begins with **E**. 🥚 **E**gg

✏ Draw a line through all the **Y**'s.

**Start**

**Finish**

✓ the light that tells you to 🛑.

Circle ⭕ the person who helps sick animals.

✓ what is going **up**.

Circle ⭕ the picture that begins with **A**. 🍎 **A**pple

✓ the pictures with only **1 of a kind**.

Circle ⭕ the group that is **1 less than 4**.

Circle ◯ the **2** pictures that **go together**.

Circle ◯ the picture that begins with **W**. 🕰 **W**atch

Circle ◯ **1** to show what happened **first**.
Circle ◯ **2** to show what happened **next**.
Circle ◯ **3** to show what happened **last**.

1  2  3        1  2  3        1  2  3

Circle ⭕ the 🐢 that is **on** the log.

Circle ⭕ the cupcake that is **different**.

✏️ Draw 6 ● on the ladybug.
🖍️ Color.

✓ 10 🐛 in the picture.

🖍 Color the flower with **8 petals** red.

🖍 Color to finish the **pattern**.

🖍 Color to finish the **pattern**.

✏️ Draw a line to where a 🐄 lives.

✔️ the picture that begins with **H**. 🍔 **H**amburger

✏️ Draw a line to **match** each cookie cutter to its cookie.

✓ the scarecrows that are the **same**.

Circle ◯ the group of **3** 🐟.

Circle ◯ the picture that begins with **N**. 🪺 **N**est

Color the picture.

1 = red     2 = green     3 = blue

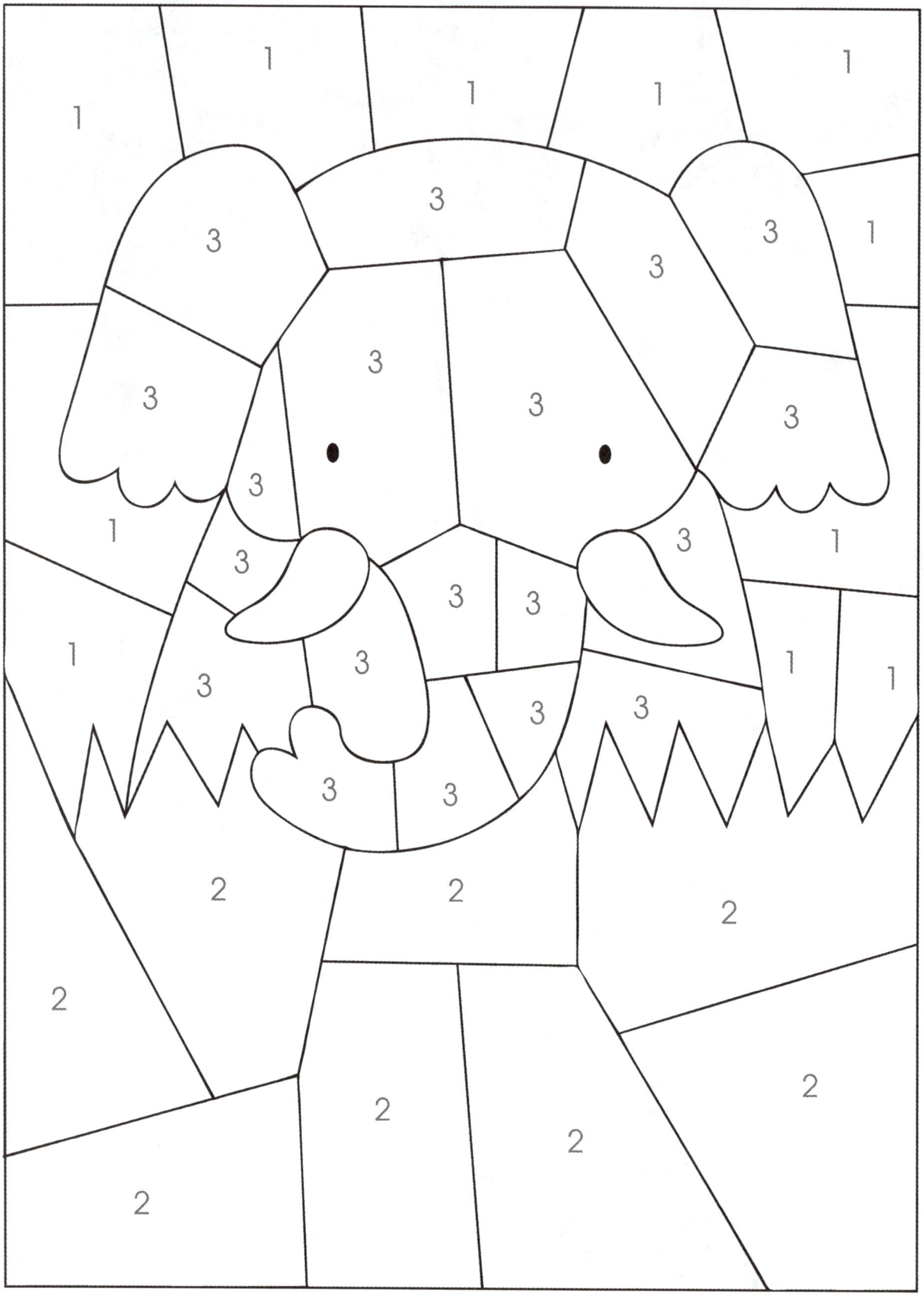

✓ the picture that begins with J.  Jet

✗ the picture that does **not belong**.

Circle ○ 1 to show what happened **first**.
Circle ○ 2 to show what happened **next**.
Circle ○ 3 to show what happened **last**.

1 2 3    1 2 3    1 2 3

Circle ⭕ the picture that begins with **B**. 🐝 Bee

✓ the animal that **weighs** the most.

✏️ Color the shape that is **different**.

✏️ Draw a line through all the **Q**'s.

**Start**

| Q | Q | Q | O |
|---|---|---|---|
| O | Y | Q | D |
| Q | Q | Q | P |
| Q | C | O | G |
| Q | Q | Q | Q |

**Finish**

✏️ Color **1** more 🍭.
Circle ⭕ **how many** there are now.   1 2 3

2 + 1 = ___

✏️ Count and color **5** 🏐.

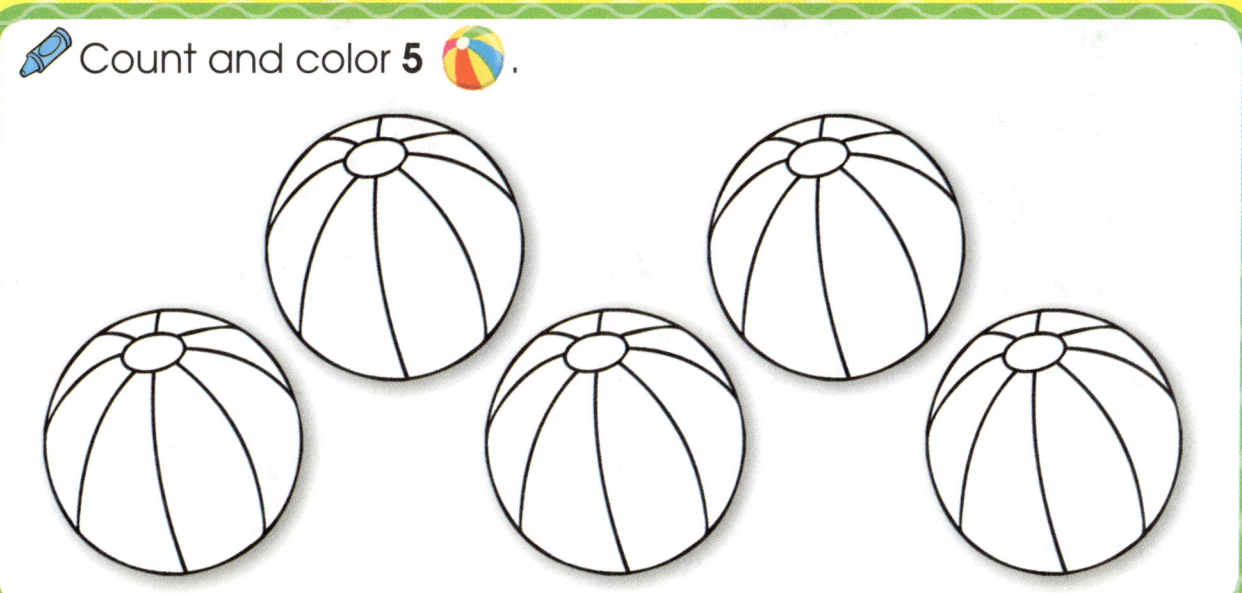

Circle ⭕ the person who helps you when you are sick.

Circle ⭕ the picture that **rhymes** with 🐸.

Color to finish the **pattern**.

Circle ⭕ the picture that begins with **S**. ☀️ **S**un

Little Thinkers Preschool

Circle ◯ the **2** pictures that **rhyme**.

✓ the picture that begins with **G**.  **G**love

✏️ Draw a line between the  👠 that **match**.

✓ **9**  in the picture.

Circle ◯ the person who is pointing **right**.

Circle ◯ the **2** words that are the **same**.

see
cat
saw
see

🖍 Color **1** more .
Circle ◯ **how many** there are now.

3 + 1 = ___

✗ **5 things wrong** in the picture.

🖍 Color the picture that begins with **P**.  🥧 **P**ie

17

✏️ Count and color 7 ⛵.

Circle ⭕ the person who is **sad**.

Circle ⭕ the picture that begins with **U**. ⬆ **U**p

Color to finish the **pattern**.

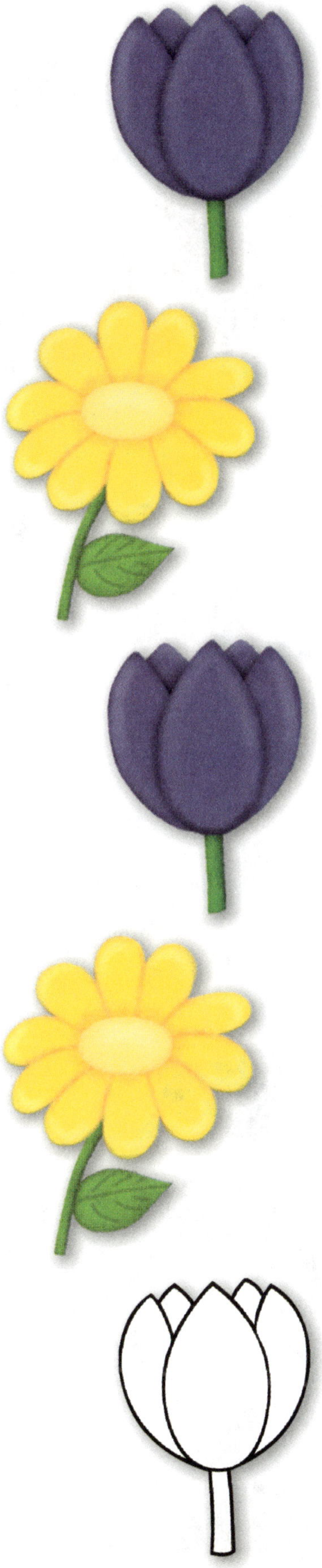

Draw a line through all the **Z**'s.

**Start**

| | | | |
|---|---|---|---|
| Z | Z | Z | Z |
| X | X | T | Z |
| Z | Z | Z | Z |
| Z | K | X | W |
| Z | Z | Z | Z |

**Finish**

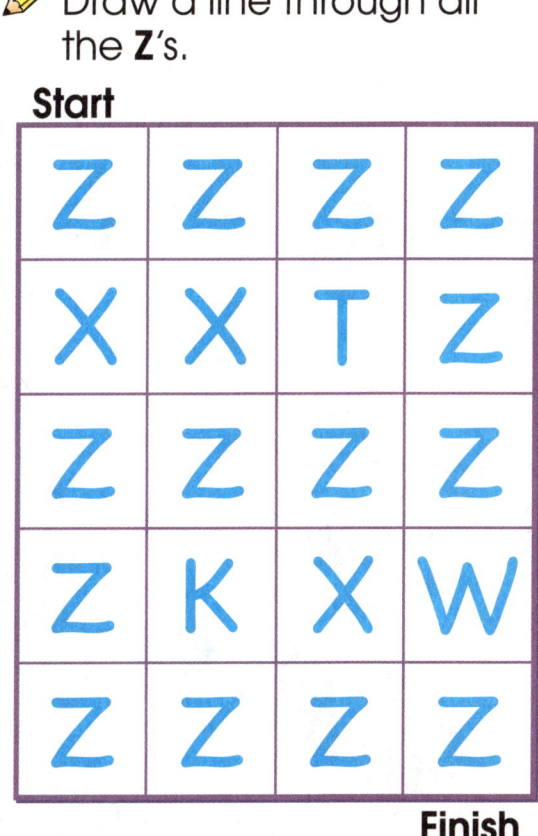

✓ the picture that begins with I. 

Ink

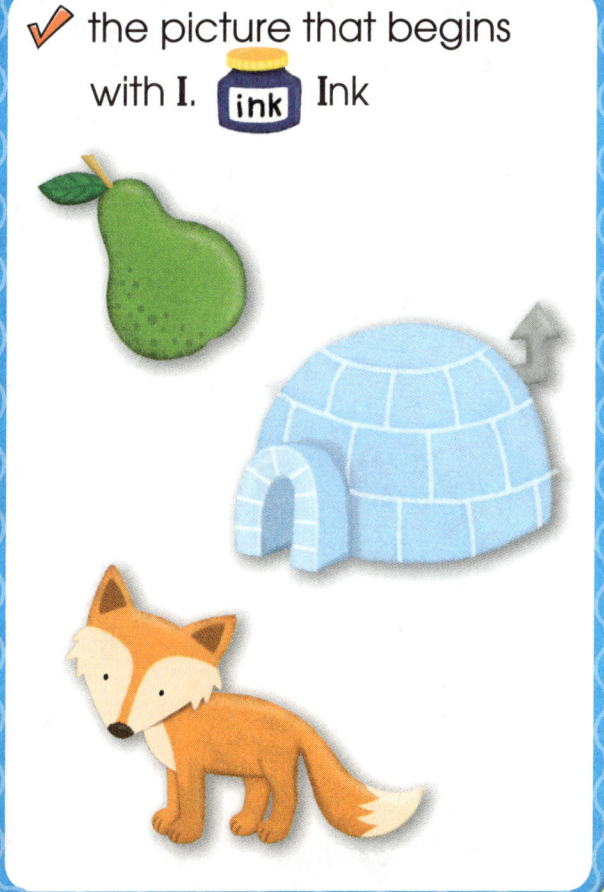

Find and circle ⭕ the hidden pictures.

Circle ⭕ the picture that begins with **D**. Doll

✖ what does **not belong**.

Circle ⭕ the group of **12** 🐌.

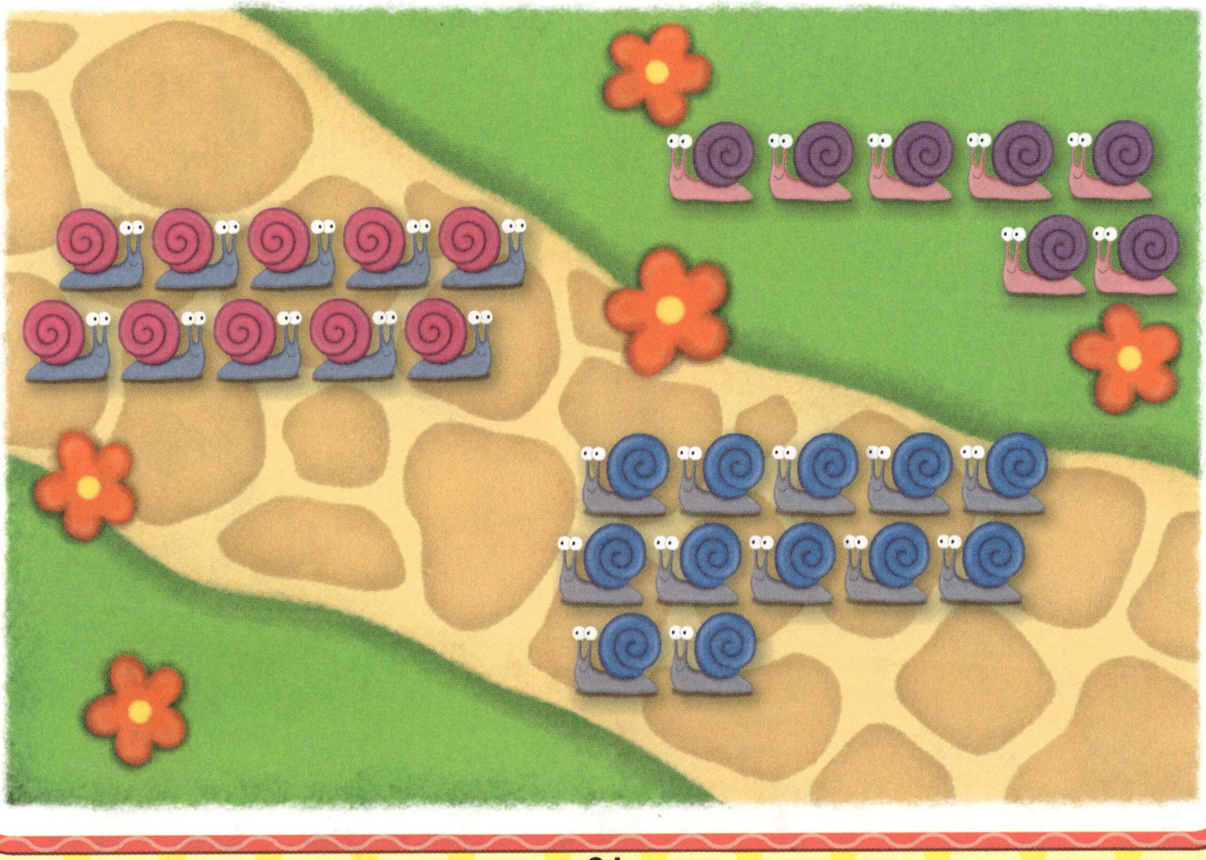

**Circle ○ the picture that begins with M.** 🐭 **M**ouse

**✓ what you would wear in the summer.** ☀️

**Circle ○ the number that comes before.**

___ 345

2  3  4

___ 567

3  4  5

**Circle ○ the 2 pictures that go together.**

🖍 Count. Color **4** 🎈 blue.

Circle ⭕ the girl who is **under** the .

You ate **1** 🧁.

Circle ⭕ how many **are left**.

1 2 3

$$3 - 1 = \underline{\phantom{00}}$$

Circle ◯ the 🪁 that is **down**.

Color to finish the **pattern**.

Circle ◯ the picture that begins with **L**. 🍃 **Leaf**

Little Thinkers Preschool  24  ©School Zone Publishing Company 02354

Circle ◯ the **tall** 🤡.
✓ the **short** 🤡.

Circle ◯ the picture that begins with **R**. 🌈 **R**ainbow

✓ 11 🐠 in the picture.

Circle ⃝ **1** to show what happened **first**.
Circle ⃝ **2** to show what happened **next**.
Circle ⃝ **3** to show what happened **last**.

1  2  3     1  2  3     1  2  3

Circle ⃝ the animal that is **fast**.
✗ the animal that is **slow**.

Circle ⃝ the number that comes **after 7**.

8   11   7

Circle ⃝ the number that comes **after 9**.

5   7   10

Two 🥚 are hatching in the nest.
Circle ⃝ how many **are left**.

1  2  3

3 − 2 = ___

 Draw a line through all the **X**'s.

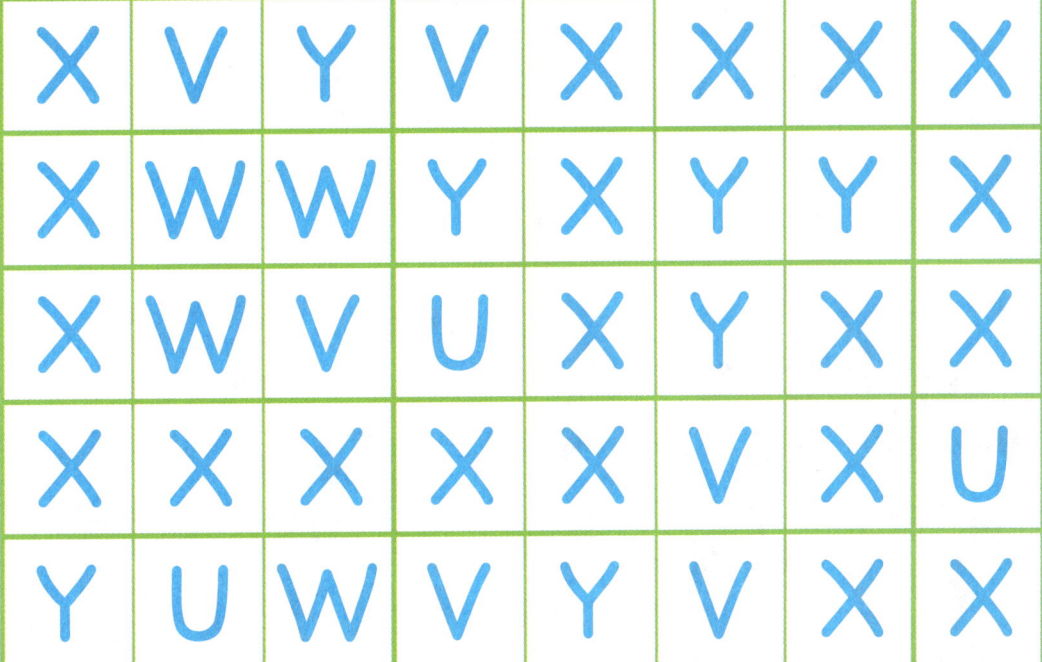

 Color the picture that begins with **K**.  **K**ey

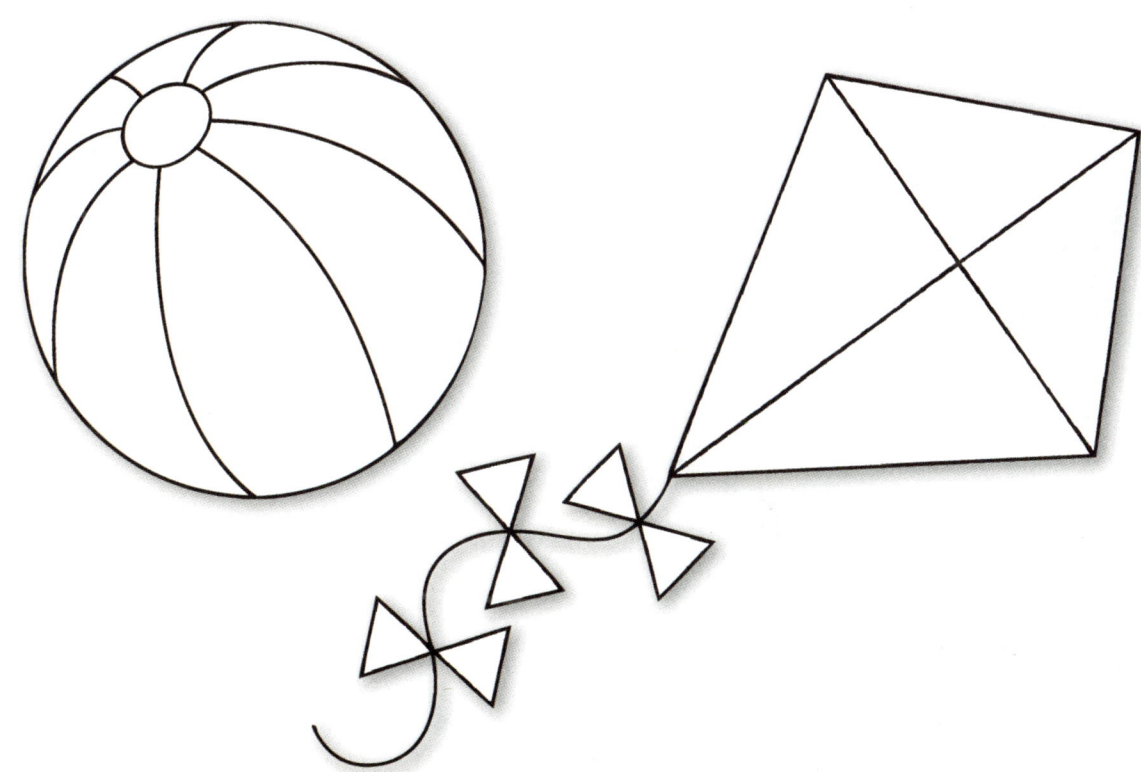

✓ all the △ in the picture.
Circle ○ **how many** there are.

7  8  9

Circle ○ the picture that begins with **F**. 🐸 Frog

Circle ○ the number that comes **after**.

2 3 4 ___

3    4    5

4 5 6 ___

6    7    8

✏️ Trace and color the shape that comes **next**.

Circle ⭕ the picture that begins with **O**. 🐙 **O**ctopus

Circle ⭕ the bee that is **off** the 🌸.

✏️ Connect the dots from **1** to **12**.
🖍️ Color the picture.

Circle ⭕ the picture that begins with **V**. 🎻 Violin

Circle ⭕ the group that is **1 more than 3**.

❌ **8** things **wrong** in the picture.

Circle ⭕ the picture that begins with **T**. 🐢 **T**urtle

✓ what you would wear in the winter. ❄️

✏️ Trace the **2** ☐.
🖍️ Color.

Circle ⭕ the animal that lives here. 🪺

Circle ⭕ the pictures that **rhyme**.

❌ the animal that does **not belong**.

Circle ⭕ **1** to show what happened **first**.
Circle ⭕ **2** to show what happened **next**.
Circle ⭕ **3** to show what happened **last**.

1  2  3         1  2  3         1  2  3

**Circle ○ the animal that is big.
✗ the animal that is small.**

🖍 **Color all the △ blue.**

Circle ○ the pictures that **rhyme**.

Circle ○ the **beginning** letter.

b  f

j  g

Circle ⭕ **how many** ▭ long the 🐛 measures.

Circle ⭕ the animals that live in a shell.

Circle ⭕ the number that comes **next**.

Circle ⭕ the doll that is **different**.

Circle ⭕ the pictures that **go together**.

✏️ Color to finish the **pattern**.

Circle ◯ the shape that does **not belong**.

Circle ◯ the picture that begins with **Z**. ◯ Zero

✏️ Draw a line to **match** the shapes.

37

✏️ Draw and color flowers to make **4** flowers.

Circle ⭕ the **next** number.

7   8   ___

6   8   9

✔️ the cat that is **on** the bed.

Count the pumpkins.
Circle ⭕ **how many** there are.

6   7   8

Draw a line to the **opposite** picture.

day

small

fast

night

big

slow

 Draw a line to the matching **action**.

run

dig

hop

**Color the picture.**

1 = **blue**  2 = **orange**  3 = **green**  4 = **purple**  5 = **red**

✏️ Draw a line from each picture to where it **belongs**.

Circle ⭕ the group of **5** shells.

Circle ⭕ the pictures that **rhyme**.

✏️ Color the pictures with **0** yellow.
🖍️ Color the pictures with **1** red.

Circle ⭕ the pictures that **rhyme**.

✏️ Draw a line to **match** the shapes.

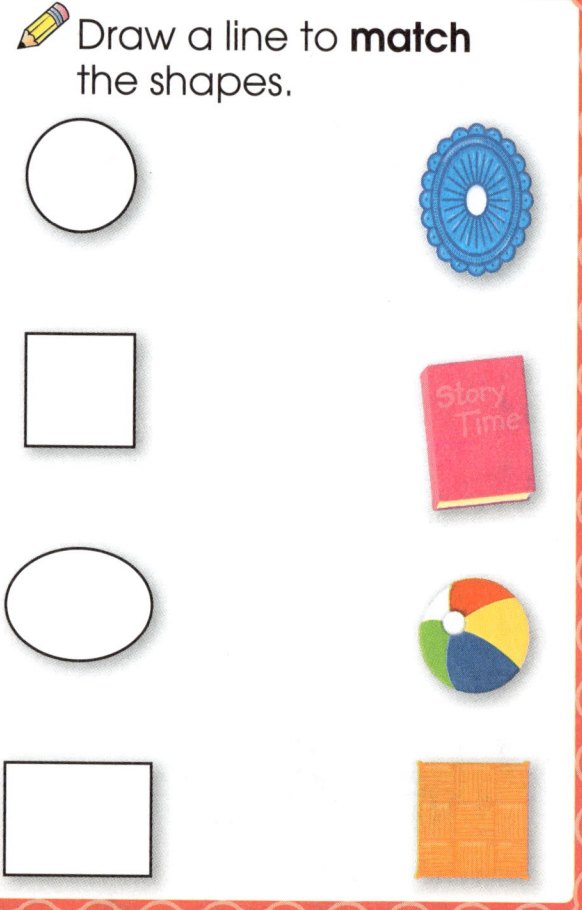

Circle ⭕ the **beginning** letter of the picture word.

z    c

a    d

Circle ⭕ the picture that does **not belong**.

✓ the picture that shows what happened **before**.

Circle ◯ the pictures that **rhyme**.

Circle ◯ the object that is **lighter**.

Circle ◯ the object that is **heavier**.

✏️ Color the shape that is **different**.

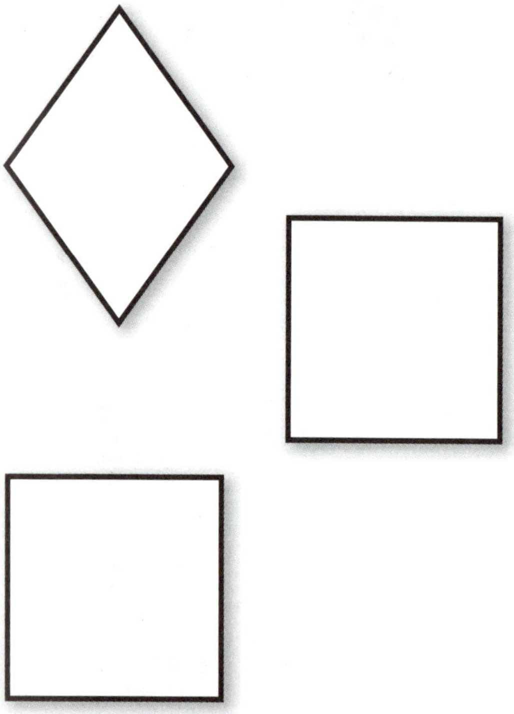

Circle ◯ the pictures that **go together**.

Little Thinkers Preschool ©School Zone Publishing Company 02354

Circle ◯ the number that comes **next**.

Circle ◯ the two that are the **same**.

Circle ◯ the person who helps put out fires.

Count the fish.
**How many** are there?

5  6  3

Circle ◯ the number that comes **before**.

___ 7 8 9

5  6  7

___ 8 9 10

6  7  8

🖍 Color to make your own **pattern**.

Circle ◯ the **2** pictures that **rhyme**.

Circle ◯ the objects you can **touch**.

✏️ Draw a line between the socks that **match**.

47

Circle ⃝ the picture that shows **why** this happened.

Circle ⃝ the child who is pointing **left**.

Circle ⃝ the words that are the **same**.

fly   run

hop

run   fun

Count the crabs.
Circle ⃝ **how many** there are.

7  8  9

✓ all the ☐ in the picture.
Circle ○ **how many** there are.

7　8　9

Tiger

✓ all the ○ in the picture.
Circle ○ **how many** there are.

5　6　7

Lion

Penguins

Find and circle ⭕ the hidden pictures.

✏️ Draw a line to where each animal lives.

Count the pennies.
Circle ⭕ **how many** there are.

5   6   7

Circle ⭕ the animal that does **not belong**.

Use the graph to answer the questions.
Circle ⭕ your answer.

| 5 | | 🐦 | |
| 4 | | 🐦 | 🐟 |
| 3 | 🐌 | 🐦 | 🐟 |
| 2 | 🐌 | 🐦 | 🐟 |
| 1 | 🐌 | 🐦 | 🐟 |
| | snails | birds | fish |

**How many** fish?
3  4  5

**How many** birds?
3  4  5

**How many** snails?
3  4  5

Are there **more** snails than fish?
yes   no

Circle ⭕ the toy that costs **more**.

5¢
6¢

9¢
8¢

Circle ⭕ the pictures that **rhyme**.

the pen with **9** animals.
✏️ Draw an **X** on the pen with **8** animals.

✏️ Draw a line to the **opposite** picture.

hot

cold

front

down

up

back

Circle ◯ the pictures you can **taste**.

Circle ◯ the group that has **fewer**.

Circle ◯ the pictures that show the same **action**.

Circle ◯ the toy that costs **less** than 10¢.

✓ what happened **next**.

✏️ Draw a line to **match** the weather with the correct picture.

Circle ⭕ the number that comes **next**.

Circle ○ the pictures that begin with the **same sound**.

Circle ○ what you can do in winter.

✏️ Color to finish the **pattern**.

56

Circle ◯ the **slower** animal.

Circle ◯ the pictures that **rhyme**.

✔ the picture that shows what happened **before**.

✓ who is **up**.

Circle ◯ the dog that is **in** the 🏠.

Circle ◯ the pictures that **go together**.

There were **4** rabbits. **1** rabbit ran away. How many **are left**?

1 2 3

4 - 1 = ___

✏️ Draw a line to what each animal eats.

✏️ Draw a line to the **opposite** picture.

over

up

above

below

down

under

✓ the animal that is **different**.

Circle ⭕ what you can **smell**.

Circle ⭕ the group of **10**.

✏️ Trace and color the shape that comes **next**.

Count the airplanes. **How many** are there?

6 7 8

Circle ⭕ the pictures that **rhyme**.

Circle ◯ the things you can eat.

✓ the shapes that are the same shape and size.

✓ 10 🐢 in the picture.
✏️ Draw an X on 5 🐚 in the picture.

Circle ⭕ the picture that does **not belong**.

Circle ⭕ the pictures that **rhyme**.

Circle ⭕ the bug with **0** spots.

Circle ⭕ the animal that lives here.